みんなの
ろい
ニット帽

日本文芸社

CONTENTS

♥＝大人用　★＝子ども用　◉＝赤ちゃん用

◆印刷物のため、現物と色が異なる場合があります。
　ご了承ください。
◆糸の表示内容は、2021年11月現在のものです。

3

はじめに

本書は、おそろいニット帽の本です。
"おそろい"といっても、色も形も同じという作品はありません。
色違い、サイズ違い、ほんのわずかなデザイン違いなど
おそろいのバリエーションが豊富です。

本編では大人用と子ども用として提案している帽子も、
子ども用のおそろいにしたり、大人用のおそろいにしたり
お好みの"ペア"に変換することができます。
また少しサイズが合わない場合は、指定の針のサイズを変えたり
指定の糸よりも太くしたり、細くするだけで
簡易的な調整ができます。

お気に入りのデザインを見つけたら
自分好みのアレンジを加えて、おそろいを楽しみましょう。

「みんなのおそろいニット帽」編集部

ふわふわベレー帽

太めのモヘア糸で編んだベレー帽。ふわ
ふわの手触りと中長編み2目の玉編みの
編み地が、柔らかな印象です。

[HOW TO MAKE　P.46]
DESIGN：Riko リボン
MODEL：Ritsu、Sumile

ケーブル編みの帽子

ツィードの糸で編んだケーブル模様の
帽子。糸に張りがあるので先端が折れ
ることなく、きれいなシルエットを
キープできます。

[HOW TO MAKE　P.50]
DESIGN：ミドリノクマ
MODEL：Arata

どんぐり風ベレー帽

かぶったときの形とトップが異なる
おそろい帽子。かぎ針を使って、立
ち上がりなしでぐるぐると編みます。

[HOW TO MAKE P.47]
DESIGN：Riko リボン
MODEL：Arata

フライト帽

パイロット気分を楽しめる男の子ウケ
抜群の帽子。ツバと耳当て部分にはボ
リュームのあるファーヤーンを使用。

[HOW TO MAKE　P.54]
DESIGN：ミドリノクマ
MODEL：Anji、George

ペンギンの 編み込み帽子

向かい合うペンギンの
編み込み模様がポイン
ト。赤ちゃん用には、防
寒対策も兼ねて小さな
耳当てをつけています。

[HOW TO MAKE P.56]
DESIGN：矢羽田梨花子
MODEL：Akari

ジグザグ模様の帽子

シンプルな模様の編み込み帽子。編み
地を彩るカラフルでかわいいネップ
と、大きなボンボンがアクセントです。

[HOW TO MAKE P.60]
DESIGN：矢羽田梨花子
MODEL：Akari

とんがり帽子

カラフルなチップを混ぜ込んだ糸でシンプルに編んだおそろい帽子。ふだん使いはもちろん、コスプレでも使えそう。

[HOW TO MAKE　P.73]
DESIGN：blanco
MODEL：Rintaro、Ranjyu

ふわくた帽子

小さな花びらを混ぜたような糸で編
んだふんわりとした触り心地の帽子。
かぶるとトップがクタッと倒れます。

[HOW TO MAKE P.64]
DESIGN：blanco
MODEL：Rintaro、Ranjyu

カモフラ柄の
ビーニー

ふつうに編むだけでカモフラ
柄になる糸を使用。ハードな
コーデにも合うので、男性に
もおすすめです。

[HOW TO MAKE　P.66]
DESIGN：高際有希
MODEL：Ritsu

パンダの帽子

フェイスバージョンと耳当て
バージョンのパンダ帽子。頭
の上でピンと立つ黒い耳が、
かわいらしさを引き立てます。

[HOW TO MAKE　P.70]
DESIGN：Miya
MODEL：Ritsu、Sumile

シマシマボンネット

フードのようにかぶる個性的なボンネット。締めつけや
チクチクの不安なく、ラフにかぶれるのが魅力です。

[HOW TO MAKE P.74]
DESIGN：ベルンド・ケストラー
MODEL：Anji、George

ダルメシアンの帽子

ダルメシアン模様の親子帽子。大人用はシンプルなモノトーン、子ども用はボンネット型に耳をつけてかわいらしさを演出。

[HOW TO MAKE P.76]
DESIGN: 高際有希
MODEL : Ranjyu

三角どんぐり帽子

太めの糸でざっくり編んでいます。1目ゴム編みをベースにしたシンプルな編み地なので、どんなコーデにもぴったり。

[HOW TO MAKE　P.80]
DESIGN：ミドリノクマ
MODEL：Rintaro、Ranjyu

スイーツの帽子

カップケーキをイメージしたスイート
なおそろい帽子。女の子がかぶれば、
テンションが上がるかわいらしさです。

[HOW TO MAKE　P.82]
DESIGN：Miya
MODEL：Ritsu、Sumile

34

ヘアバンド＆ニット帽（3WAY）

ヘアバンドが取り外せる3WAYタイプの帽子。
ヘアバンドを付けてかぶれば、チェック柄の編
み込み模様がアクセントの帽子になります。

[HOW TO MAKE P.84]
DESIGN：くげなつみ
MODEL：Ritsu、Sumile

ネック
ウォーマー＆
ニット帽（2WAY）

トップを絞れば帽子に、
そのままかぶればネック
ウォーマーとして使えま
す。リバーシブルなので
使い道は4通り。

[HOW TO MAKE　P.86]
DESIGN：くげなつみ
MODEL：Arata

ケーブル編みのビーニー

大小のケーブル編みと模様編みを組み合わせた親子帽子。
フィット感のある、ラフにかぶれるビーニータイプです。

[HOW TO MAKE P.88]
DESIGN:blanco
MODEL：Sumile

おそろいニット帽を作るために必要な道具を紹介します。

［短5本針］
棒針編みで使用。減らし目をする際、4本に目を分けて編みます。4本針でもOK。

［輪針］
棒針編みで使用。帽子のように輪に編むときに便利な輪状の針。表側だけを見てぐるぐる編めます。本書では40cmを使用。

［なわあみ針］
棒針編みで使用。ケーブル編み（縄編み）など、交差編みのときにあると便利です。

［目数リング］
棒針編みで使用。目数を数えるときや段の境目に針に通して使います。

［段数マーカー］
棒針編みで使用。段数を数えるときに編み地に引っかけて使います。

［かぎ針］
かぎ針編みで使用。糸の太さに合わせて針のサイズを使い分けます。初心者には、疲れにくいグリップ付きがおすすめ。

［とじ針］
かぎ針編み、棒針編みともに使用。糸の始末やはぎ合わせ、編み終わりにも使います。

気楽に編める2目ゴム編みの帽子

この帽子は基本の編み方だけで作れる棒針編み帽子の基本形。編み図が
読めなくても編めるので、初めて帽子を作るときの練習用としてもおすすめです。

〔糸〕A/DARUMA　ギーク ミルク×パープル(7)55g
　　　B/DARUMA　空気をまぜて糸にしたウールアルパカ　きなり(1)30g
〔サイズ〕A/頭囲36〜56cm　B/頭囲28〜48cm

〈A〉

60段(伸ばした
状態で25cm)

〈B〉

60段(伸ばした
状態で20cm)

84目
13号針

84目
6号針

15号針

13号針

10号針

針のサイズによって編
み地の大きさにも少し
ずつ変化が出ます。

POINT

・基本の編み方だけでOK
・同じ編み方で糸を替えて大小サイズに
・同じ糸で針を替えれば簡単リサイズ
・作り目は4の倍数ならOK
・段数はお好みの長さで

気楽に編める2目ゴム編みの帽子
KNITTING LESSON

「気楽に編める2目ゴム編みの帽子」は、ニット帽の基本が詰まった作品。作り目から2目ゴム編みの編み方、トップのとじ方まで、他の帽子にも流用できるプロセスを紹介します。

作り目

1 作り目の輪を作ります。

2 輪針の1本に輪を通し、短い糸（糸端）を親指に、長い糸を人差し指にかけます。※輪針のもう1本は、右手で丸めて持っておくと作業がスムーズです。

3 親指の下側から針を入れ、手前からすくいます。

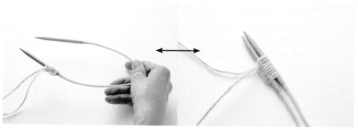

7 2〜6をくり返します。

針2本を使う場合は、輪針をまとめた状態で針2本に作り目を作り、最後に1本を抜きます。

8 必要な数の作り目を作ったところ。

2目ゴム編み：裏目

12 表目でもう1目編みます。2目編めたところ。

13 糸は手前側に置き、右針を向こう側から入れます。

14 右針に糸をかけて向こう側へ引き出します。

4 そのまま人差し指の糸の間に上から針を入れます。

5 そのまま4の矢印の方向に針を入れます。

6 親指の糸を外し、糸を引き締めます。

2目ゴム編み：表目

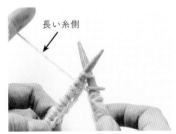

長い糸側

9 輪針を輪にして両手で持ちます。糸は向こう側に置き、右針を1目めに手前から入れます。このとき、作り目がねじれないように注意しましょう。

10 右針に糸をかけて手前に引き出します。

1目

11 左針から目を外します。表目が1目編めたところ。※輪針はぐるぐる編むため、編み始めがわかりにくくなるので、印に目数リングを入れています。

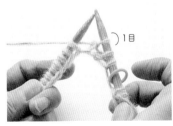

1目

15 左針から目を外します。裏目が1目編めたところ。

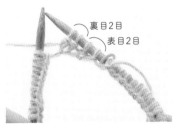

裏目2目
表目2目

16 裏目でもう1目編みます。2目編めたところ。

17 表目2目、裏目2目のくり返しが2目ゴム編みです。

左上2目一度（減らし目）

18 必要な長さまで2目ゴム編みを編みます。

19 短5本針（もしくは4本針）を用意します。そのうちの1本で輪針の左針から表目を編みます。

20 もう1目表目を編みます。

24 表目2目→左上2目一度をくり返します。

25 この作品は84目なので、63目に減るため、1本15～16目程度に分けます。

トップをとじる

26 糸を70～80cm程度残して切り、とじ針に通します。

30 裏側で糸処理をしたら完成です。

21 次の裏目2目の左側から一度に針を入れます。

22 針に糸をかけて手前側へ引き出します。

2目が1目に

23 左針から目を外します。左上2目一度が編めたところ。

27 1目ずつとじ針に通します。

28 1周通したら、もう1周通します。

29 糸をゆっくり引き、トップを絞ります。

もっと簡単に編むには……

19 ～ 25 の工程を省き、18 の段階で糸を切り、とじ針に通してトップを絞ることもできます。これなら2目ゴム編みを編むだけ。ただし、太い糸で目数が多い場合はしっかり絞っても小さく穴が残る可能性があります。その場合はトップにボンボンをつけるなどすれば隠すこともできます。お好みの方法でチャレンジしてみましょう。

ふわふわベレー帽（子ども）[P.6]

A

B

[糸] DARUMA ウールモヘヤ　A：レモン(13) 55g、B：ミント(3) 55g
[針] かぎ針8/0号、とじ針
[ゲージ] 中長編み2目の玉編み10目9段＝10cm
[サイズ] 図参照　頭囲52〜54cm

[編み方]

本体は糸1本取り、紐は糸2本取りで編みます。

1. 本体を編む。わの作り目に細編み8目を編み入れ、18段目まで編み図のとおり編む。
   2段目以降、立ち上がりを編んだら、前段の最後の目から編み始める。1目めは、立ち
   上がりを編みくるみながら編む。最後の引き抜き編みは、1目めの玉編みに編む。
2. 紐を編む。糸2本取りで、スレッドコード（P.49参照）を3目編み、編み始めと編み終
   わりの糸で、本体中心に付ける。

〈本体〉

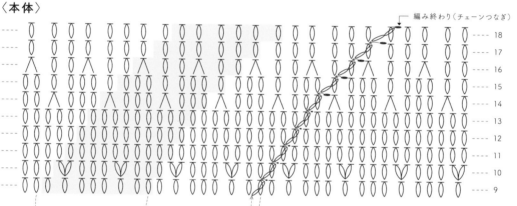

編み終わり（チェーンつなぎ）

18 17 16 15 14 13 12 11 10 9

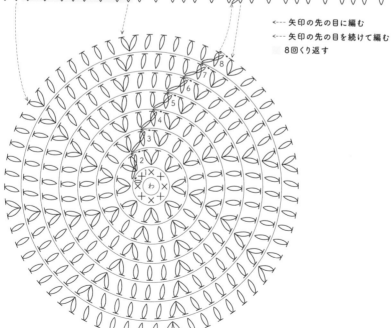

←-- 矢印の先の目に編む
←-- 矢印の先の目を続けて編む
▢ 8回くり返す

目数表
※立ち上がりは、1目に含みません。

段数	目数	増減数
18	48	増減なし
17	48	
16	48	−16目
15	64	増減なし
14	64	−16目
13	80	増減なし
12	80	
11	80	
10	80	＋16目
9	64	増減なし
8	64	
7	56	
6	48	
5	40	＋8目
4	32	
3	24	
2	16	
1	8	

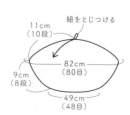

紐をとじつける
11cm（10段）
82cm（80目）
9cm（8段）
49cm（48目）

どんぐり風ベレー帽（子ども）[P.10]

[糸] パピー クイーンアニー
 a/薄ピンク(970)10g
 b/ベージュ(955)65g
[針] かぎ針8/0号、とじ針
[ゲージ] 模様編み
 7模様14段＝10cm
[サイズ] 図参照
 頭囲52〜54cm

[編み方]
1. トップを編む。a糸で、わの作り目に細編み4目を編み入れ、20段目まで編み図のとおり編む。21段目から本体を編む。b糸に替え、立ち上がりなし・模様編みで46段目まで編む。
2. 20段目付近でトップをひと結びする。

〈本体〉

編み終わり（チェーンつなぎ）

矢印のない模様編みは前段の
模様編みの細編み部分に編み入れる
（P.49参照）

←--- 矢印の先の目に編む
←--- 矢印の先の目に編む
▨ 6回くり返す
◁ 糸を付ける
◄ 糸を切る
▨ a糸
▨ b糸
∨=⋎ 細編み2目編み入れる

〈トップ〉

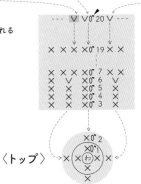

目数表

段数	目数	増減	糸
46	24模様+1目	+1目	
45	24模様	増減なし	
44	24模様	−6模様	
43	30模様	増減なし	
42	30模様	−12模様	
41〜33	42模様	増減なし	
32	42模様	+12模様	
31	30模様	増減なし	
30	30模様	+6模様	b糸
29	24模様	増減なし	
28	24模様	+6模様	
27〜26	18模様	増減なし	
25	18模様	+6模様	
24〜23	12模様	増減なし	
22	12模様	+6模様	
21	6模様		
20	12	+6目	
19〜7	6	増減なし	
6	6	+2目	a糸
5〜3	4	増減なし	
2			
1	4		

ひと結びする

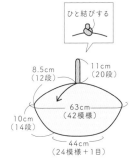

8.5cm（12段）
11cm（20段）
63cm（42模様）
10cm（14段）
44cm（24模様+1目）

どんぐり風ベレー帽（大人）[P.10]

[糸] パピー クイーンアニー
　　　 ベージュ(955) 85g
[針] かぎ針8/0号、とじ針
[その他] ファーボール 約8cm(くすみピンク) 1個
[ゲージ] 模様編み7模様14段＝10cm
[サイズ] 図参照　頭囲56〜59cm

[編み方]
1. 本体を編む。わの作り目に細編み6目を編み入れ、29段目まで編み図のとおり編む。3段目以降は、立ち上がりなし・模様編みで編む。
2. ファーボールを本体中心に付ける。

〈本体〉

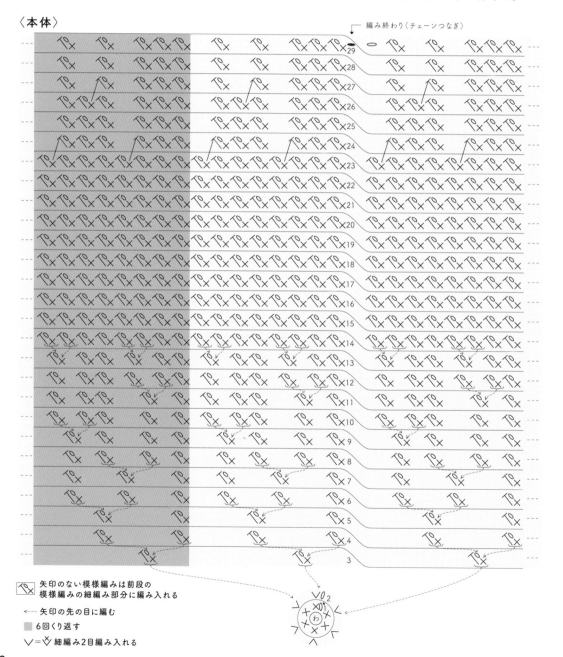

編み終わり（チェーンつなぎ）

⟨X⟩ 矢印のない模様編みは前段の
模様編みの細編み部分に編み入れる

←-- 矢印の先の目に編む

▨ 6回くり返す

∨＝ᐷ 細編み2目編み入れる

48

● ✎ の編み方

①2段目が編めたところ。

②2段目1目めに細編みを編む。

③続けて、くさり編みを1目編む。

④針に糸をかけ、2段目1目めにもう一度針を入れ

⑤中長編みを編む。模様編みが1セット編めたところ。

⑥前段の1目をとばして次の目に模様編みを1セット編む。

⑦⑥をくり返し、模様編みを6セット編んだら3段目が完成。

⑧編み図のとおり、前段の模様編みの細編みに針を入れ

⑨模様編みを1セット編む。

⑩続けて、編み図のとおり前段の模様編みのくさり編みを束で拾い

⑪模様編みを1セット編む。

⑫編み図のとおり⑧〜⑪をくり返したら4段目が完成。

目数表

段数	目数	増減
29	30模様+1目	+1目
28	30模様	増減なし
27	30模様	−6模様
26 25	36模様	増減なし
24	36模様	−12模様
23〜15	48模様	増減なし
14	48模様	+12模様
13	36模様	増減なし
12	36模様	+6模様
11	30模様	増減なし
10	30模様	+6模様
9	24模様	増減なし
8	24模様	+6模様
7	18模様	増減なし
6	18模様	+6模様
5	12模様	増減なし
4	12模様	+6模様
3	6模様	
2	12	+6目
1	6	

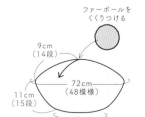

ファーボールをくくりつける

9cm（14段）

72cm（48模様）

11cm（15段）

48cm（30模様+1目）

●スレッドコードの編み方（P.46）

①必要な長さの3倍の糸端を残し、作り目の最初の目を作る。針の手前から向こう側にAをかける。

3倍残す

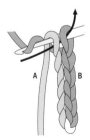
②針にBをかけ、矢印の方向に引き抜く。

③①、②をくり返す。

A 子ども

B 大人

ケーブル編みの帽子 [P.8]

[糸] ハマナカ アランツィード　A：ピンク(5)84g
　　　B：ネイビー(11)115g
[針] 輪針7号、8号（40cm）、8号5本針（短）、とじ針
[ゲージ] 模様編み25目26.5段＝10cm
[サイズ] 図参照　A：頭囲約40cm（着用時は50cm）
　　　　　B：頭囲約48cm（着用時は60cm）

[編み方]

1. 輪針7号を使用し、指にかける作り目を100目（Bは120目）作り、輪にして、1目ゴム編みを16段（Bは20段）編む。輪針8号に替えて、続けて編み図のとおり模様編みを編む。

2. 減らし目をし、トップに残った目に一目おきにとじ針で糸を2周通し、絞る。

最終段に一目おきに糸を通し2周通す

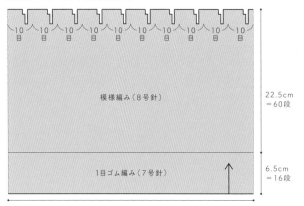

模様編み（8号針）

22.5cm
＝60段

1目ゴム編み（7号針）

6.5cm
＝16段

100目作り目して輪にする＝40cm

22.5cm

40cm

〈A〉

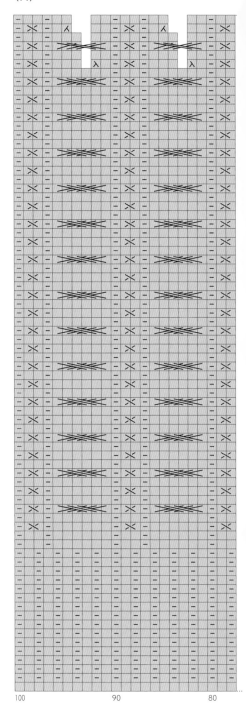

100　　　90　　　80

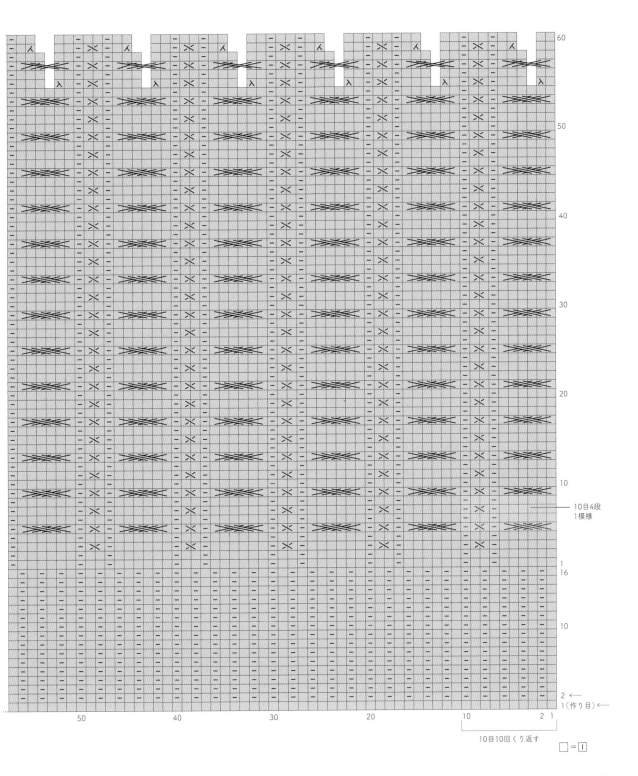

60

50

40

30

20

10目4段
1模様

10

1
16

10

2 ←
1(作り目)←

50　　　　　　　40　　　　　　　30　　　　　　　20　　　　　　10　　　　2　1

10目10回くり返す

□＝□

〈B〉

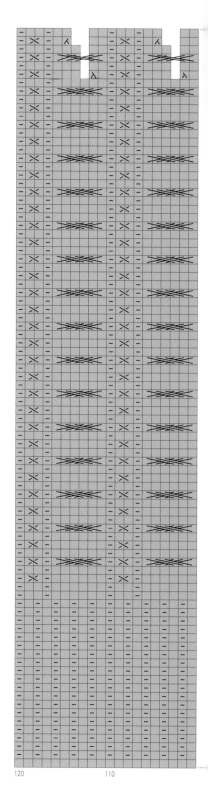

最終段に一目おきに糸を通し2周通す

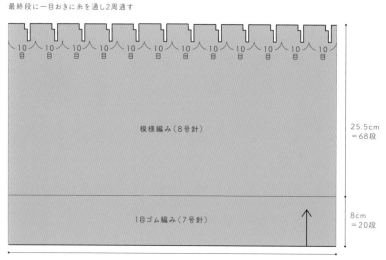

模様編み（8号針）

25.5cm
＝68段

1目ゴム編み（7号針）

8cm
＝20段

120目作り目して輪にする＝48cm

25.5cm

48cm

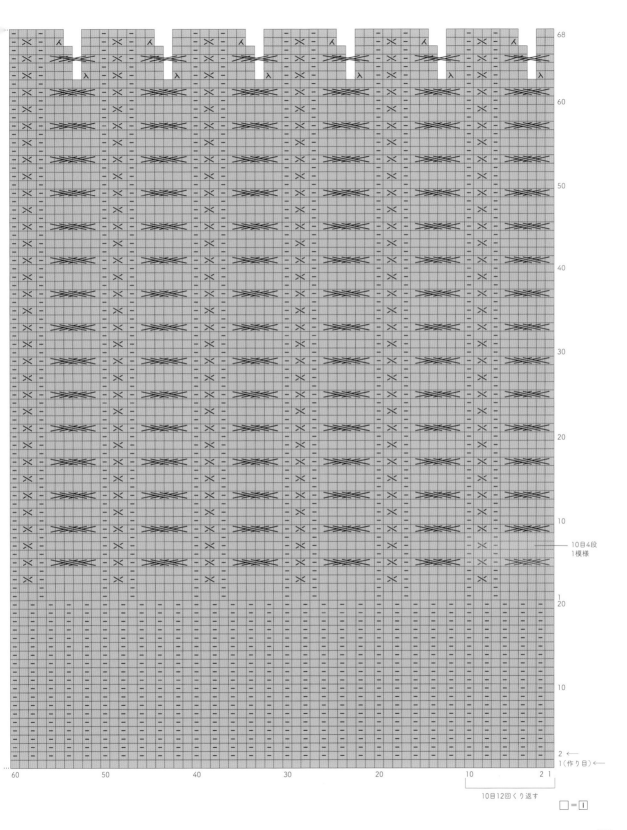

68

60

50

40

30

20

10

10目4段
1模様

1
20

10

2 ←
1（作り目）←

60 50 40 30 20 10 2 1

10目12回くり返す

□ = ☐

フライト帽（子ども）[P.12]

[糸] ハマナカ　A:a/ メンズクラブマスター　ブラウン(58)60g
　　　b/ ルーポ　ブラウン(4)23g
　　　B:a/ メンズクラブマスター　グリーン(70)60g
　　　b/ ルーポ　ブラウン(4)23g
[針] 棒針10号、かぎ針8/0号、とじ針
[ゲージ] 細編み14.5目16段＝10cm
[サイズ] 図参照　頭囲約50cm

[編み方]
a糸はかぎ針8/0号、b糸は棒針10号で編みます。

1. 上面・側面を編む。a糸で上面をくさり編み11目で作り目を作り、細編みで23段編む。続けて側面を細編みで16段編む。

2. 前側を編む。b糸で側面から目を拾い、ガーター編みで編む。上に折り返し端をとじつける。

3. 耳当てを編む。b糸で側面から目を拾い、ガーター編みで左右各1枚編む。

4. 紐を編む。a糸で耳当ての〈紐編みつけ位置〉に糸をつけ、くさり編み20目を編む。

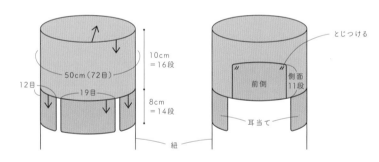

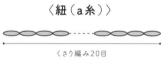

〈紐（a糸）〉

くさり編み20目

〈前側（b糸）〉

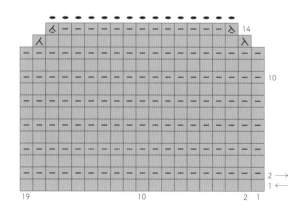

〈耳当て（b糸）〉×2枚

紐編みつけ位置

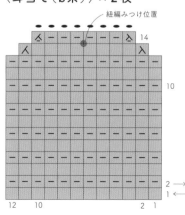

〈上面・側面（a糸）〉

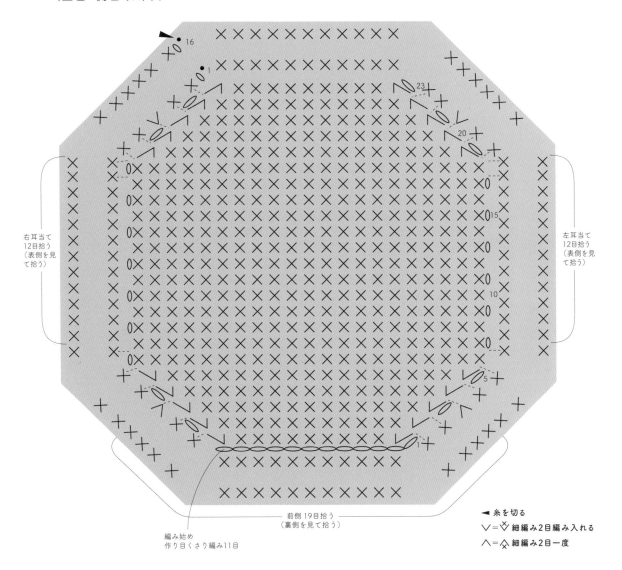

右耳当て
12目拾う
（表側を見
て拾う）

左耳当て
12目拾う
（表側を見
て拾う）

前側19目拾う
（裏側を見て拾う）

編み始め
作り目くさり編み11目

◀ 糸を切る

∨ = ∨̇ 細編み2目編み入れる

∧ = ∧̇ 細編み2目一度

● 厂中上3目一度の編み方（P.56）

①左針の2目を編まずに
　そのまま右針に移す。

②次の目を表目で編む。

③右針に移していた2目を
　かぶせれば完成。

ペンギンの編み込み帽子（赤ちゃん）［P14］

［糸］DARUMA iroiro　a/オフホワイト(1)30g、b/紺(12)7g、
　　　c/ラムネ（72）2g、d/レモン(31)2g
［針］輪針3号、4号（40cm）、棒針3号、4号5本針（短）、とじ針
［その他］ハマナカ　くるくるボンボン(直径55mm/H204-550)
［ゲージ］メリヤス編み36目39段＝10cm
［サイズ］図参照　頭囲約45cm

［編み方］

1. 本体を編む。輪針3号を使用し、a糸で指にかける作り目
   を120目作り、輪にして、ガーター編みを8段編む。

2. 輪針4号に替えて160目に増やし、メリヤス編みの編み込
   み模様を編む。

3. 4号5本針（短）に替えて減らし目をし、トップに残った20
   目に、とじ針で糸を二重に通して絞る。

4. 耳当てを編む。棒針3号を使用し、左右それぞれ作り目か
   ら23目拾い目する。ガーター編みで減らし目をしながら
   編み、編み終わりを伏せ止める。

5. ボンボンを作る。a糸をくるくるボンボンのアームに140回
   ずつ巻き、同じ糸で真ん中を絞り、アームから外す。はさみ
   で丸くカットし、絞った糸の残りをとじ針に通し、本体トップ
   にくくりつける。

6. 紐を作る。〈紐の付け方〉を参照し、耳当てに紐を付ける。

〈本体〉

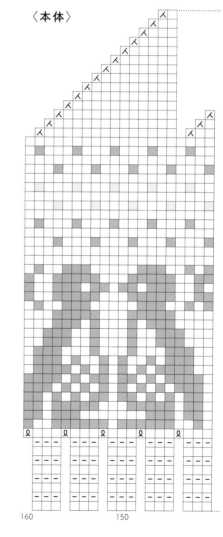

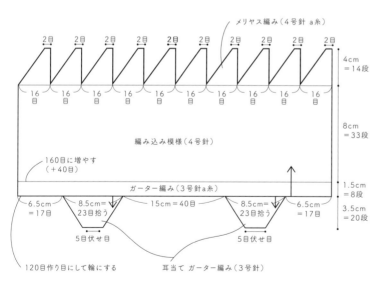

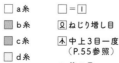

□ a糸	□=$\boxed{1}$	
■ b糸	$\boxed{Q}$ ねじり増し目	
▨ c糸	$\boxed{木}$ 中上3目一度	
□ d糸	（P.55参照）	
	● 伏せ目	

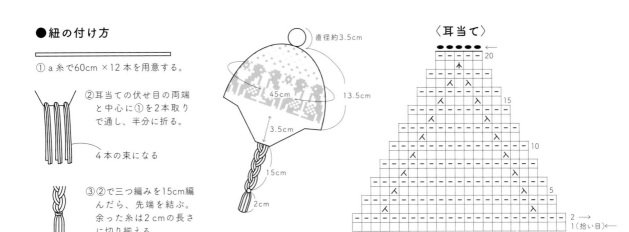

● 紐の付け方

① a糸で60cm×12本を用意する。

②耳当ての伏せ目の両端
と中心に①を2本取り
で通し、半分に折る。

4本の束になる

③②で三つ編みを15cm編
んだら、先端を結ぶ。
余った糸は2cmの長さ
に切り揃える。

〈耳当て〉

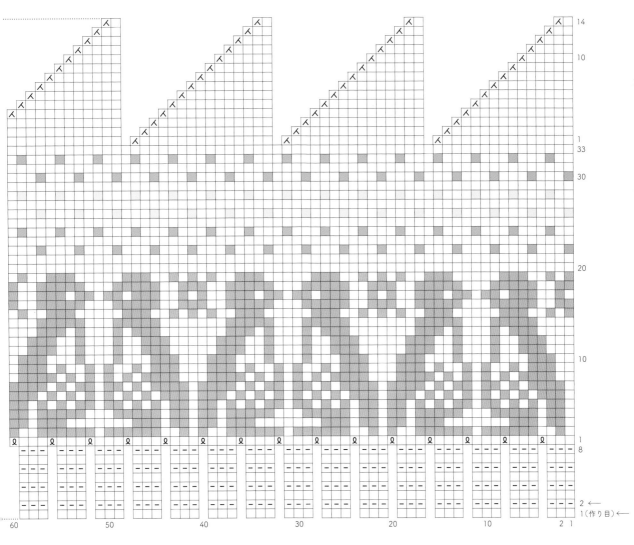

57

ペンギンの編み込み帽子（大人）［P.14］

[糸] DARUMA iroiro　a/オフホワイト(1)40g、
　　　　b/紺(12)25g
[針] 輪針3号、4号（40cm）、4号5本針（短）、とじ針
[その他] ハマナカ　くるくるボンボン
　　　　（直径70mm/H204-550）
[ゲージ] メリヤス編み36目39段＝10cm
[サイズ] 図参照　頭囲約55cm

[編み方]

1. 本体を編む。輪針3号を使用し、b糸で指にかける
   作り目を180目作り、輪にして、1目ゴム編みを2段
   編む。a糸に替えて1目ゴム編みを7段編む。

2. 輪針4号に替えて200目に増やし、メリヤス編みの
   編み込み模様を編む。

3. 4号5本針（短）に替えて減らし目をし、トップに残っ
   た20目に、とじ針で糸を二重に通して絞る。

4. ボンボンを作る。b糸をくるくるボンボンのアーム
   に300回ずつ巻き、同じ糸で真ん中を絞り、アーム
   から外す。はさみで丸くカットし、絞った糸の残りをと
   じ針に通し、本体トップにくくりつける。

〈本体〉

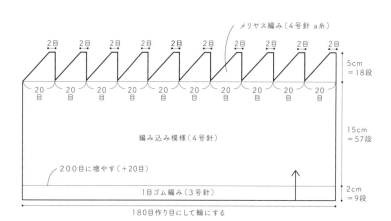

メリヤス編み（4号針 a糸）

2目　2目　2目　2目　2目　2目　2目　2目　2目

5cm ＝18段

20目　20目　20目　20目　20目　20目　20目　20目　20目

編み込み模様（4号針）

15cm ＝57段

200目に増やす（＋20目）

1目ゴム編み（3号針）

2cm ＝9段

180目作り目にして輪にする

直径6.5cm

22cm

55cm

□＝ |
□ a糸
▨ b糸
⊠ ねじり増し目

200　　190

58

ジグザグ模様の帽子（赤ちゃん）[P.16]

[糸] DARUMA　a/やわらかラム　バニラ(8)20g、
　　　b/やわらかラムSeed　ピンクベース(3)25g
[針] 輪針5号、6号（40cm）、6号5本針（短）、とじ針
[その他] ハマナカ　くるくるボンボン（直径70mm/H204-550）
[ゲージ] メリヤス編み29目32段＝10cm
[サイズ] 図参照　頭囲約44cm

[編み方]

1. 本体を編む。輪針5号を使用し、a糸で指にかける作り目を120目作り、輪にし、2目ゴム編みを9段編む。

2. 輪針6号に替えて128目に増やし、メリヤス編みの編み込み模様を編む。

3. 6号5本針（短）に替えて減らし目をし、トップに残った16目に、とじ針で糸を二重に通して絞る。

4. ボンボンを作る。a糸をくるくるボンボンのアームに250回ずつ巻き、同じ糸で真ん中を絞り、アームから外す。はさみで丸くカットし、絞った糸の残りをとじ針に通し、本体トップにくくりつける。

〈本体〉

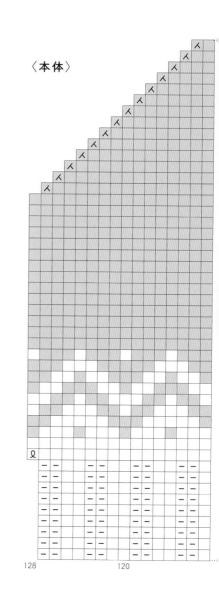

128　　　　　　120

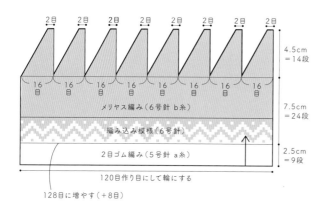

2目　2目　2目　2目　2目　2目　2目　2目

4.5cm＝14段

16目　16目　16目　16目　16目　16目　16目　16目

メリヤス編み（6号針 b糸）　7.5cm＝24段

編み込み模様（6号針）

2目ゴム編み（5号針 a糸）　2.5cm＝9段

120目作り目にして輪にする

128目に増やす（＋8目）

直径6.5cm

14.5cm

44cm

60

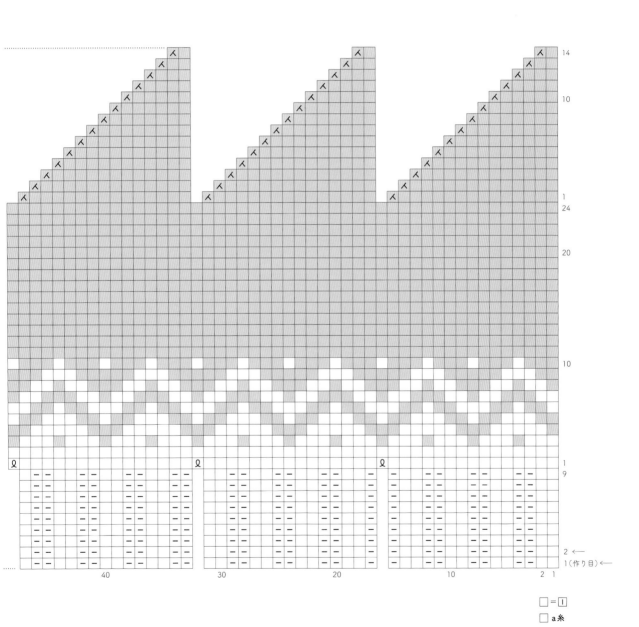

ジグザグ模様の帽子（大人）[P.16]

[糸] DARUMA　a/やわらかラム　バニラ(8)25g、
　　　　b/やわらかラムSeed　モスグレーベース(2)40g
[針] 輪針5号、6号（40cm）、6号5本針（短）、とじ針
[その他] ハマナカ　くるくるボンボン（直径70mm/H204-550）
[ゲージ] メリヤス編み29目32段＝10cm
[サイズ] 図参照　頭囲約54cm

[編み方]
1. 本体を編む。輪針5号を使用し、a糸で指にかける作り
　 目を152目作り、輪にして、2目ゴム編みを15段編む。
2. 輪針6号に替えて160目に増やし、メリヤス編みの編
　 み込み模様を編む。
3. 6号5本針（短）に替えて減らし目をし、トップに残った
　 16目に、とじ針で糸を二重に通して絞る。
4. ボンボンを作る。a糸をくるくるボンボンのアームに
　 250回ずつ巻き、同じ糸で真ん中を絞り、アームから
　 外す。はさみで丸くカットし、絞った糸の残りをとじ針
　 に通し、本体トップにくくりつける。

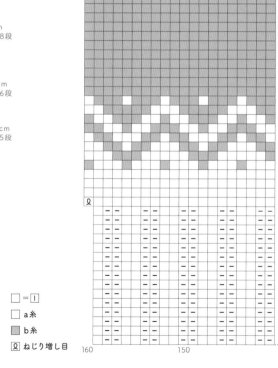

〈本体〉

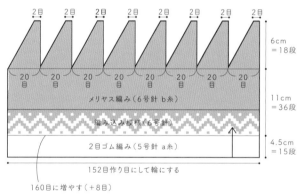

直径6.5cm
21.5cm
54cm

□＝|
□ a糸
▨ b糸
Ϙ ねじり増し目

160　　150

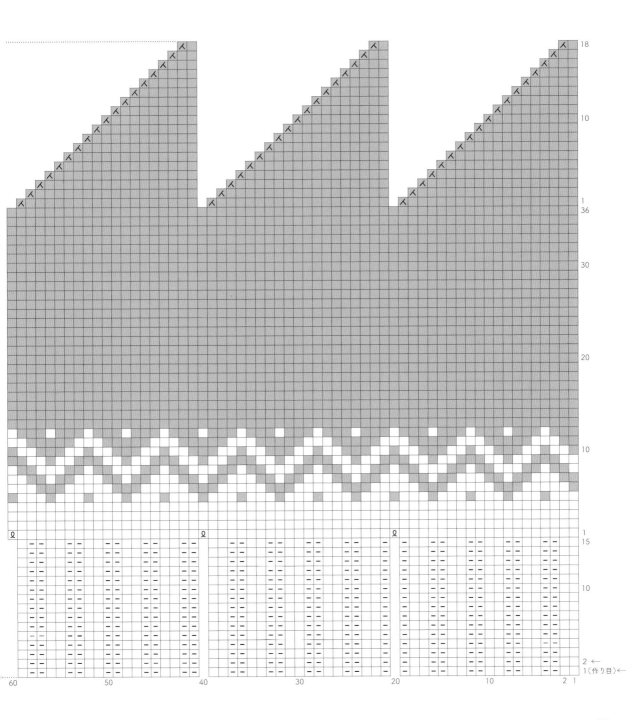

ふわくた帽子（子ども）[P.20]

[糸] DARUMA　A：a/メリノスタイル並太　ピンク(23)6g、
　　　 b/フロレット　シェルピンク(2)32g
　　　 B：a/メリノスタイル並太　オフホワイト(1)6g、
　　　 b/フロレット　ミストホワイト(1)32g
[針] 輪針9号、5号(40cm)、9号5本針(短)、とじ針
[ゲージ] メリヤス編み17目29段＝10cm
[サイズ] 図参照　頭囲約48cm

[編み方]
1. 輪針5号を使用し、a糸で指にかける作り目を80
　目作り、輪にして、1目ゴム編みを14段編む。
2. 輪針9号、b糸に替え、メリヤス編みで26段編む。
3. 減らし目をし、トップに残った16目に一目おきにと
　じ針で糸を2周通し、絞る。

最終段に一目おきに糸を通し2周通す

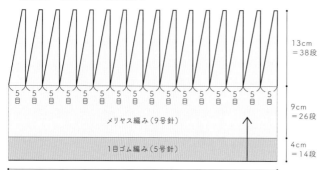

13cm
＝38段

5目 5目 5目 5目 5目 5目 5目 5目 5目 5目 5目 5目 5目 5目 5目 5目

メリヤス編み（9号針）

9cm
＝26段

1目ゴム編み（5号針）

4cm
＝14段

80目作り目して輪にする＝48cm

22cm

48cm

4cm

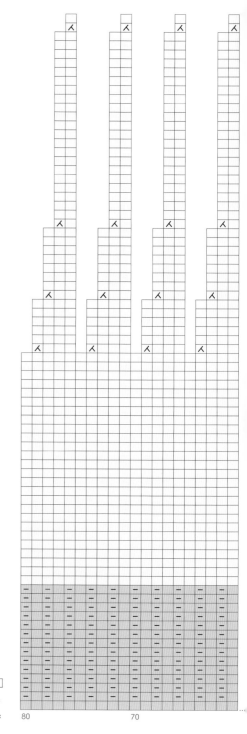

□＝□
▨ a糸
□ b糸

80　　　　70

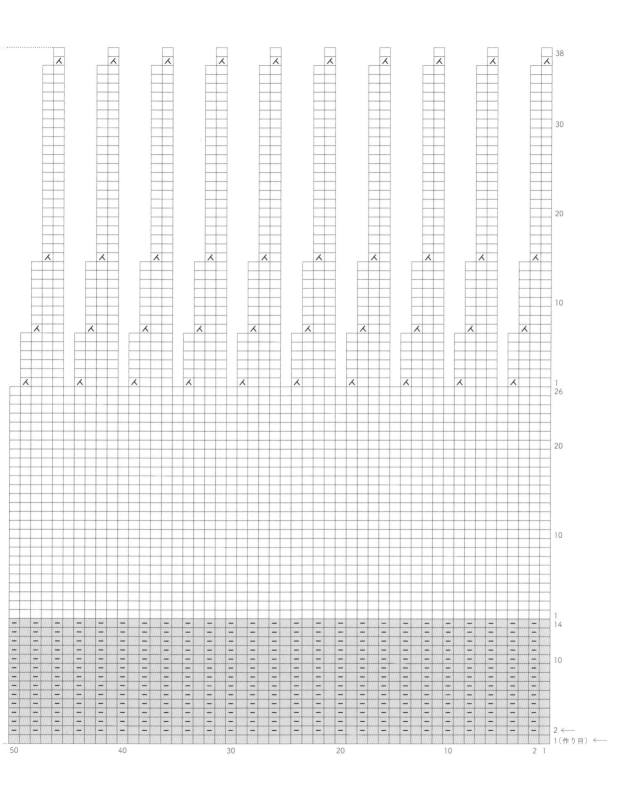

カモフラ柄のビーニー（大人）[P.22]

[糸] パピー JUNGLE
　　　カーキ・ベージュ（546）40g
[針] 輪針10号（40cm）、10号5本針（短）、とじ針
[ゲージ] メリヤス編み15目23段＝10cm
[サイズ] 図参照　頭囲約52cm

[編み方]

1. 指にかける作り目を77目作り、輪にして、ガーター編みを6段編む。続けて表編みで20段目まで編む。21段目から減らし目をし、トップに残った21目にとじ針で糸を通し、絞る。

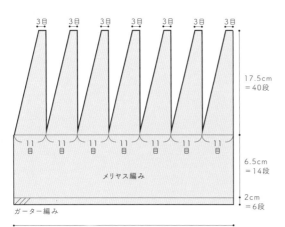

3目　3目　3目　3目　3目　3目　3目

17.5cm
＝40段

11目　11目　11目　11目　11目　11目　11目

6.5cm
＝14段

メリヤス編み

2cm
＝6段

ガーター編み

77目作り目にして輪にする＝51cm

26cm

51cm

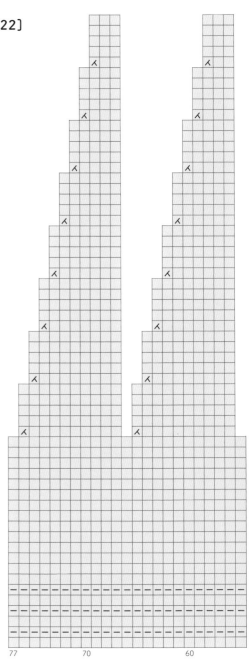

77　　　70　　　　60

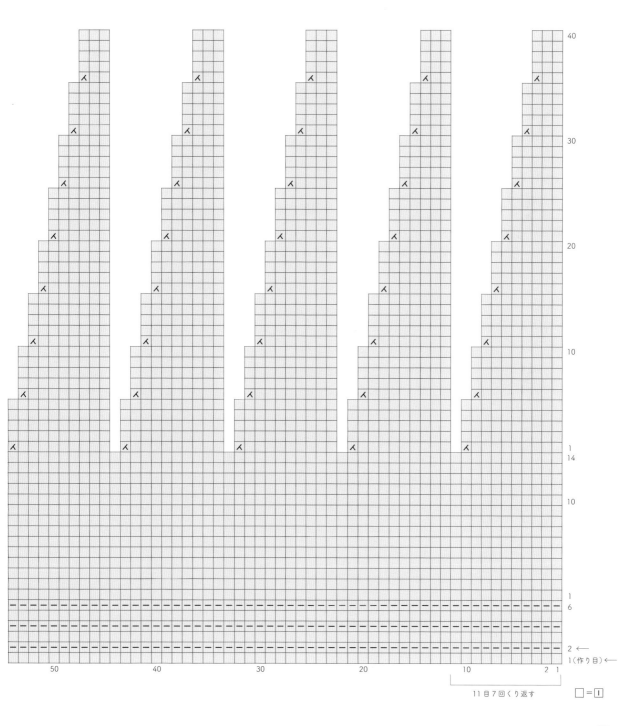

40

30

20

10

1
14

10

1
6

2 ←
1(作り目)←

50   40   30   20   10   2 1

11目7回くり返す   □ = ①

カモフラ柄のビーニー（子ども）[P.22]

[糸] パピー JUNGLE イエロー・きなり(452)40g
[針] 輪針10号（40cm）、10号5本針（短）、とじ針
[その他] 厚紙（10cm×20cm）1枚
[ゲージ] メリヤス編み15目23段＝10cm
[サイズ] 図参照 頭囲約45cm

[編み方]

1. 本体を編む。指にかける作り目を63目作り、輪にして、ガーター編みを6段編む。続けて表編みで14段編む。減らし目をし、トップに残った21目にとじ針で糸を通し、絞る。
2. トップの飾りを作る。〈飾りの作り方〉を参照し、10cm幅の厚紙に糸を60回巻き、中心を絞って厚紙から抜く。輪を広げ、トップに付ける。

●飾りの作り方

厚紙の中央を
2cm程度
カットしておく　　厚紙に糸を60回巻く。　　中心を絞る。　　厚紙から抜き、輪を広げる。

〈本体〉

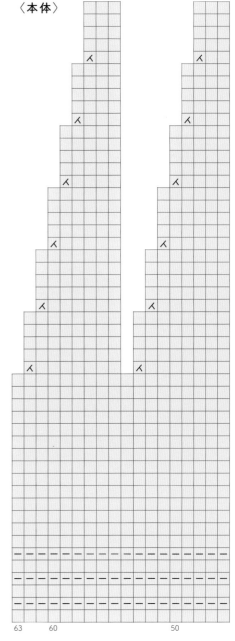

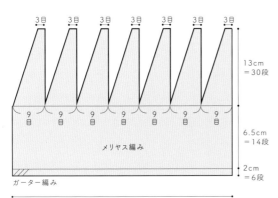

63目作り目にして輪にする＝42cm

21.5cm

42cm

□＝

63　60　　　　　50

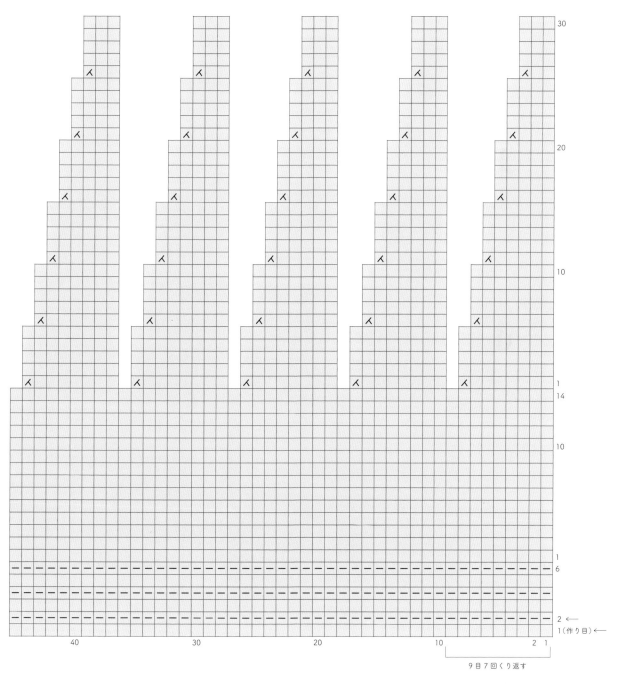

30

20

10

1
14

10

1
6

2 ←
1（作り目）←

40   30   20   10   2 1

9目7回くり返す

パンダの帽子（子ども）[P.24]

A

B

[糸] ハマナカ　A：a/メリノウールファー
オフホワイト(1)35g、b/アメリーエフ《合太》
オフホワイト(501)8g、c/黒(524)7g
B：a/メリノウールファー オフホワイト(1)40g、
b/アメリーエフ《合太》 オフホワイト(501)7g、
c/黒(524)5g

[針] かぎ針8/0号、6/0号、4/0号、とじ針

[その他] A：ハマナカ ネオクリーンわたわた　1g

[ゲージ] 長編み12目7段＝10cm

[サイズ] 図参照　頭囲約50cm

[編み方]

a糸は8/0号で1本取り、b・c糸は耳を6/0号で2本
取り、本体、目、マズル、鼻頭は4/0号で1本取りで
編みます。本体以外のパーツは編み終わりの残り糸
を20cmくらい残してカットします。

1. 本体を編む。a糸でわの作り目に長編み12目を編
み入れ、11段目まで増し目をしながら編む。

2. 12段目からはb糸（4/0号）に替え、模様編みを
しながら15段目まで編む。12段目〜15段目にス
チームアイロンをあて、形を整える。

3. c糸で耳を編む。

4. Aのパーツを編む。b糸でマズル、c糸で鼻頭、目を
編み（裏地を表側にする）、マズルを本体に縫いつ
ける。このとき、3分の2程度まで縫いつけたら、中
にわたを詰め、残りを縫いとじる。続けてマズルに
鼻頭を縫いつけ、本体に目を縫いつける。

5. Bの耳当てを編む。a糸で編み、指定の位置にとじ
針で縫いつける。

〈本体〉

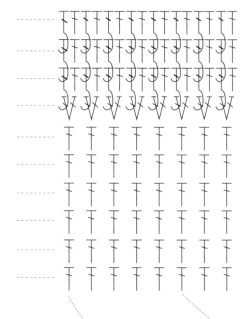

〈耳〉×2枚（6/0号 c糸）
2本取り

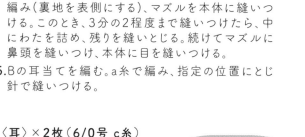

目数表

段数	目数	増減
8	12	−4目
7	16	−4目
6	20	増減なし
5	20	増減なし
4	20	+4目
3	16	+4目
2	12	+4目
1	8	
	くさり2目の作り目	

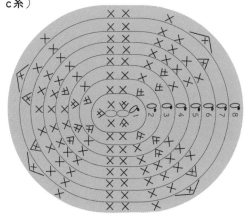

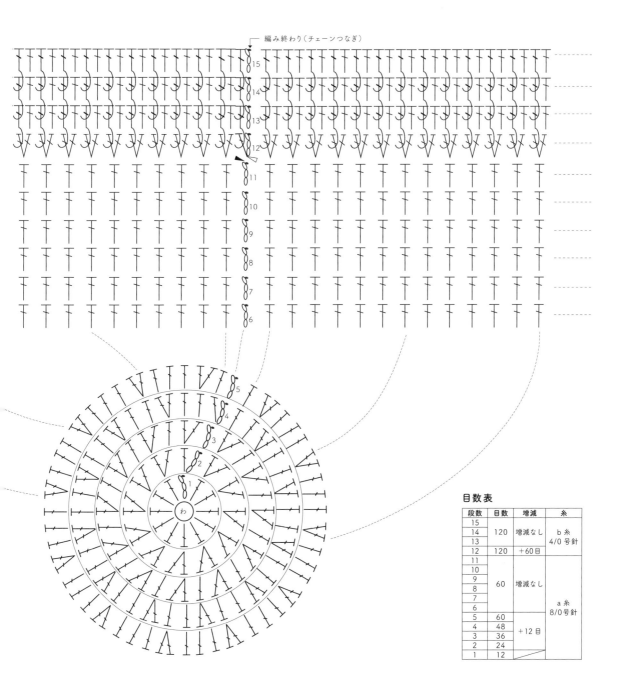

編み終わり（チェーンつなぎ）

目数表

段数	目数	増減	糸
15			
14	120	増減なし	b糸
13			4/0号針
12	120	＋60目	
11			
10			
9	60	増減なし	
8			
7			a糸
6			8/0号針
5	60		
4	48	＋12目	
3	36		
2	24		
1	12		

〈マズル〉（4/0号 b糸）

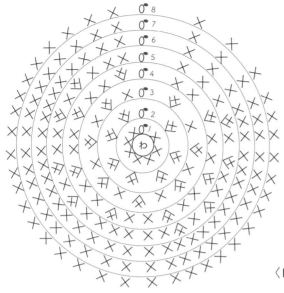

* 裏地を表にする

目数表

段数	目数	増減
8		
7	36	増減なし
6		
5	36	＋8目
4	28	＋7目
3	21	＋7目
2	14	＋7目
1	7	

〈耳当て〉×2枚（8/0号 a糸）

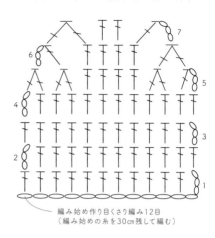

編み始め作り目くさり編み12目
（編み始めの糸を30cm残して編む）

〈目〉×2枚（4/0号 c糸）

* 裏地を表にする

目数表

段数	目数	増減
3	16	＋4目
2	12	＋4目
1	8	

〈鼻頭〉（4/0号 c糸）

* 裏地を表にする

目数表

段数	目数	増減
3	14	増減なし
2	14	＋7目
1	7	

〈A〉

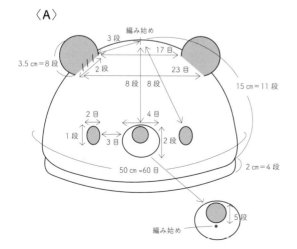

〈B〉 基本サイズと耳の位置はA（顔あり）と同じ

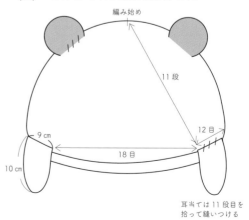

耳当ては11段目を
拾って縫いつける

とんがり帽子（子ども）［P.18］

A

B

［糸］ DARUMA チップスパイラル
　　　A：ホワイトベース（1）45g、B：ライトグレーベース（2）45g
［針］ かぎ針9/0号、7/0号、とじ針
［ゲージ］ 細編みのすじ編み14目13段＝10cm
［サイズ］ 図参照　頭囲約44cm

［編み方］
1. 9/0号を使用し、わの作り目に細編み6目を編み入れ、立ち上がりなしで
　 増し目をしながら27段目まで編み図のとおりに編む。
2. 7/0号に替え、2段編む。

編み終わり（チェーンつなぎ）

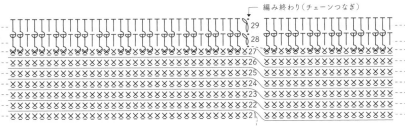

目数表

段数	目数	増減
29	60	増減なし
28	60	増減なし
27〜20	60	増減なし
19	60	＋6目
18	54	増減なし
17	54	＋6目
16	48	増減なし
15	48	＋6目
14	42	増減なし
13	42	＋6目
12	36	増減なし
11	36	＋6目
10	30	増減なし
9	30	＋6目
8	24	増減なし
7	24	＋6目
6	18	増減なし
5	18	＋6目
4	12	増減なし
3	12	＋6目
2	6	増減なし
1	6	

細編みのすじ編み
（9/0号）

44cm

（7/0号）

20cm
＝27段

2cm
＝2段

∨＝ 細編みのすじ編み2目編み入れる

シマシマボンネット（子ども）[P.26]

〔糸〕 パピー クイーンアニー　A：a/オレンジ（103）30g
b/グレー（976）30g、c/紺（827）40g
B：a/オレンジ（103）50g、b/グレー（976）50g

〔針〕 棒針6号、とじ針

〔その他〕 ハマナカ　くるくるボンボン（直径35mm/H204-550）

〔ゲージ〕 メリヤス編み19目28段＝10cm

〔サイズ〕 図参照

〔編み方〕

1. 本体を編む。A、Bともに指にかける作り目を130目作り、ガーター編みを8段編む。糸を替え、減らし目をしながら編み図のとおり66段編む。64目になったら32目ずつ分けてメリヤスはぎで合わせる。

2. ボンボンを作る。Aはa糸を、Bはb糸ををくるくるボンボンのアームに100回ずつ巻き、同じ糸で真ん中を絞り、アームから外す。はさみで丸くカットし、絞った糸の残りをとじ針に通し、指定の位置にくくりつける。

〈**本体**〉

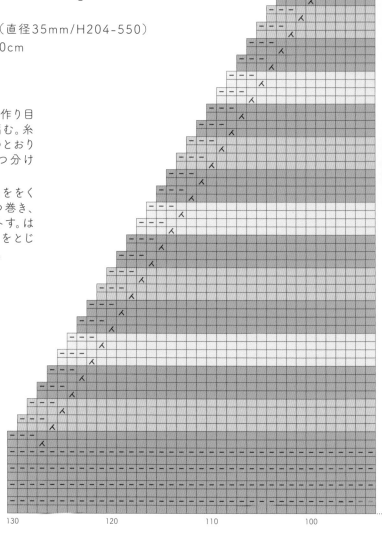

〈**B**〉の配色

段数	糸
59〜66	a糸
51〜58	b糸
43〜50	a糸
35〜42	b糸
27〜34	a糸
19〜26	b糸
11〜18	a糸
3〜10	b糸
1〜2	a糸
1〜8	a糸

□＝1

〈A〉

■ a糸

□ b糸

■ c糸

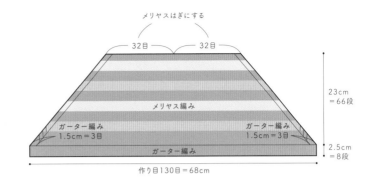

メリヤスはぎにする

32目 ⌒ 32目

メリヤス編み

23cm
=66段

ガーター編み
1.5cm＝3目　　　　　ガーター編み
1.5cm＝3目

ガーター編み

2.5cm
＝8段

作り目130目＝68cm

ポンポンをつける

直径約
3.5cm

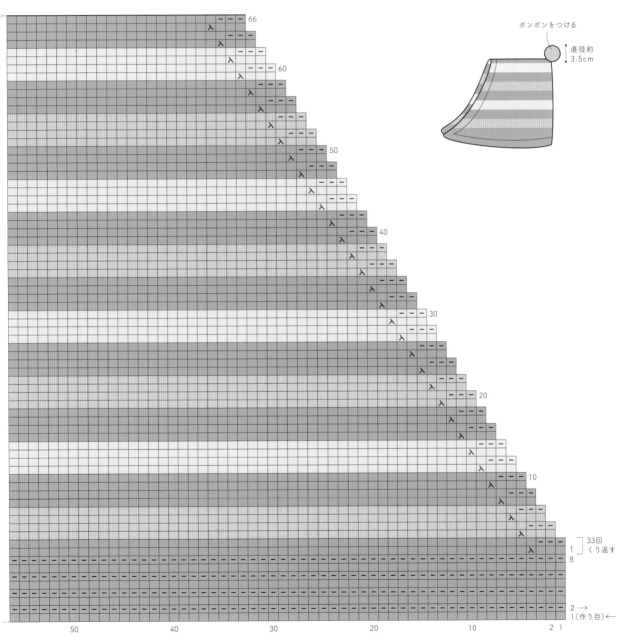

66

60

50

40

30

20

10

33回
くり返す

8

2 →

1（作り目）←

50　　　40　　　30　　　20　　　10　　　2 1

ダルメシアンの帽子（子ども）[P.28]

[糸] DARUMA 空気をまぜて糸にしたウールアルパカ
　　　a/きなり(1)50g、b/ブラック(9)25g
[針] 棒針8号、かぎ針7/0号、とじ針
[ゲージ] メリヤス編み19目25段＝10cm　1目ゴム編み19目28段＝10cm
[サイズ] 図参照　頭囲約45cm

[編み方]

糸は2本取りで編みます。

1. 本体を編む。a糸で指にかける作り目を87目作り、そのまま1目ゴム編みを10段編む。

2. 11段目からa糸、b糸で模様編みを20段編む。編み込みは横に糸を渡しながら編む。

3. 減らし目をし、トップに残った50目を25目ずつ棒針に分ける。

4. 編み地を中表に重ね、かぎ針で引き抜きはぎでとじていく。トップの25目をとじ終わったら、続けて減らし目の部分を引き抜きとじでとじる。

5. 耳を編む。b糸で指にかける作り目を18目作り、輪にして13段編む。減らし目をし、トップに残った6目にとじ針で糸を通し、絞る。

6. 耳を付ける。〈図1〉を参照し、耳縫い付け位置にとじ針で巻きかがる。

7. ふさを付ける。〈図1〉を参照し、a糸を18本（90cm）切る。9本ずつゴム編みの端に通し、三つ編みをする。22cmのところで結び、10cm残して切る。

●図1

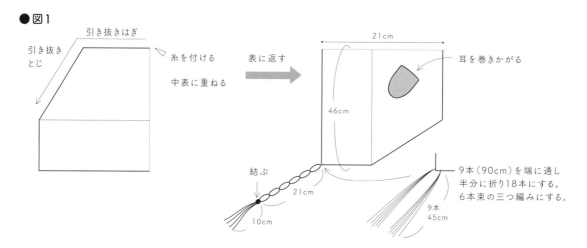

引き抜きはぎ

引き抜きとじ

糸を付ける

中表に重ねる

表に返す

21cm

耳を巻きかがる

46cm

結ぶ

21cm

10cm

9本（90cm）を端に通し半分に折り18本にする。6本束の三つ編みにする。

9本
45cm

〈耳〉×2枚

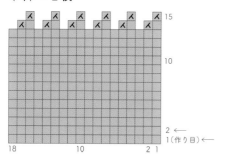

15

10

2 ←
1（作り目）←

18　　10　　2 1

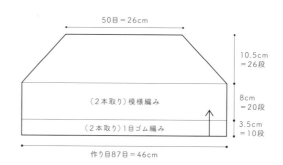

50目＝26cm

10.5cm
＝26段

8cm
＝20段

3.5cm
＝10段

（2本取り）模様編み

（2本取り）1目ゴム編み

作り目87目＝46cm

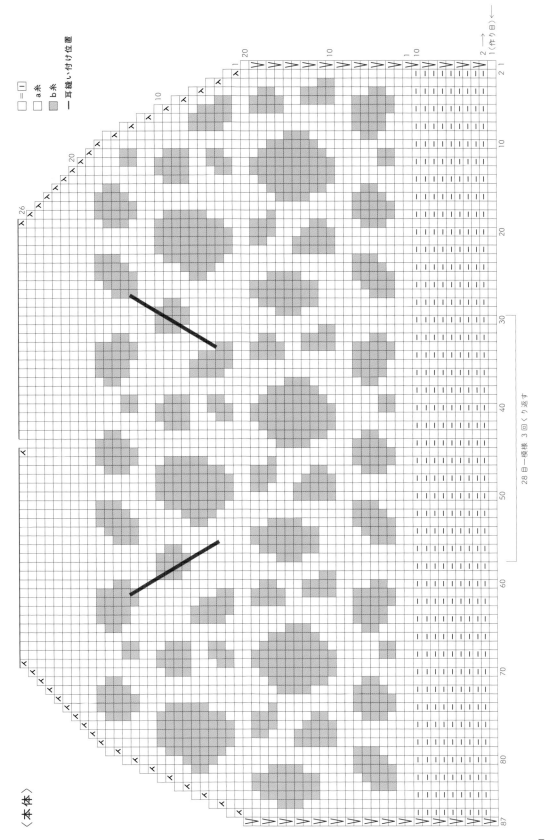

〈本体〉

□ = □
□ a糸
▨ b糸
— 耳縫い付け位置

28目ー模様 3回くり返す

ダルメシアンの帽子（大人）[P.28]

[糸] DARUMA 空気をまぜて糸にしたウールアルパカ
　　　a/きなり(1)30g、b/ブラック(9)30g
[針] 輪針8号（40cm）、8号5本針（短）、とじ針
[ゲージ] 模様編み18目23段＝10cm
　　　　 1目ゴム編み18目26段＝10cm
[サイズ] 図参照　頭囲約47cm

[編み方]

糸は2本取りで編みます。

1. b糸で指にかける作り目を84目作り、
　 輪にして、1目ゴム編みを16段編む。

2. 17段目からa糸、b糸で模様編みを
　 20段編む。編み込みは横に糸を渡
　 しながら編む。

3. 減らし目をし、トップに残った24目に
　 とじ針で糸を通し、絞る。

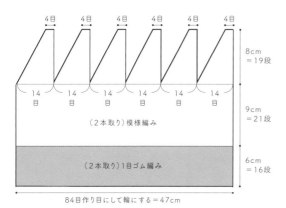

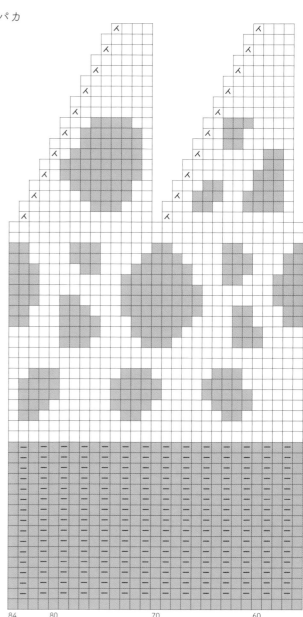

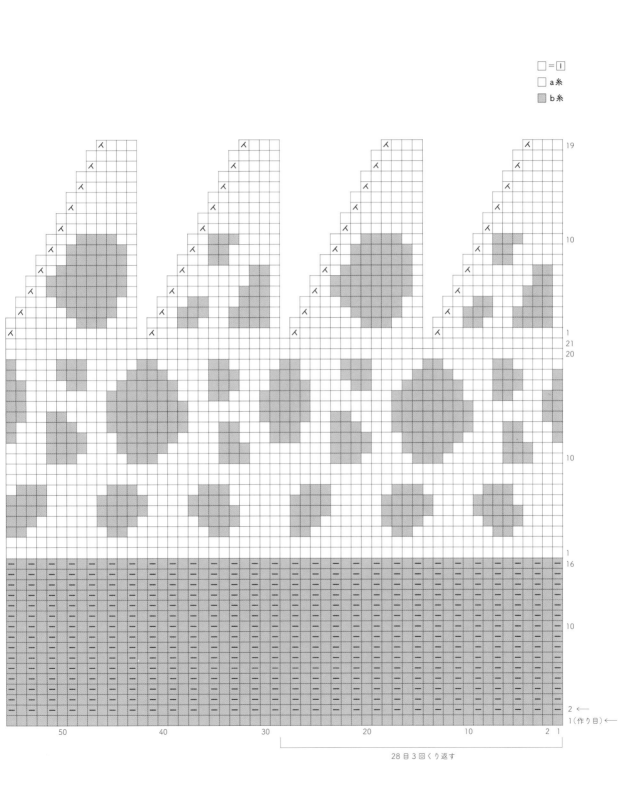

三角どんぐり帽子（子ども）[P.30]

A

B

[糸] ハマナカ メンズクラブマスター
A：レッド（42）48g
B：イエローブラウン（74）48g
[針] 輪針10号（40cm）、10号5本針（短）、とじ針
[ゲージ] 1目ゴム編み20目22段＝10cm
[サイズ] 図参照　頭囲約40cm（着用時は50cm）

[編み方]

1. 指にかける作り目を80目作り、輪にして、1目ゴム編みを22段編む。23段目から減らし目をし、トップに残った8目にとじ針で糸を通し、絞る。

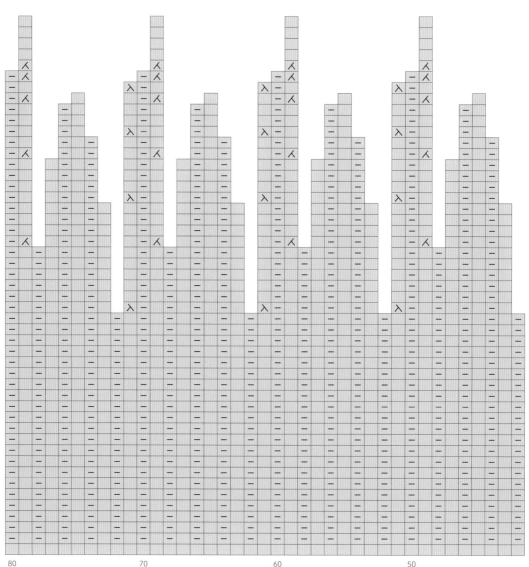

□ = ☐

80　　　　　70　　　　　60　　　　　50

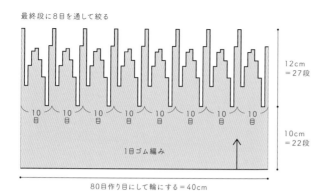

最終段に8目を通して絞る

12cm
＝27段

10
目 10
目 10
目 10
目 10
目 10
目 10
目 10
目

1目ゴム編み

10cm
＝22段

80目作り目にして輪にする＝40cm

22cm

40cm

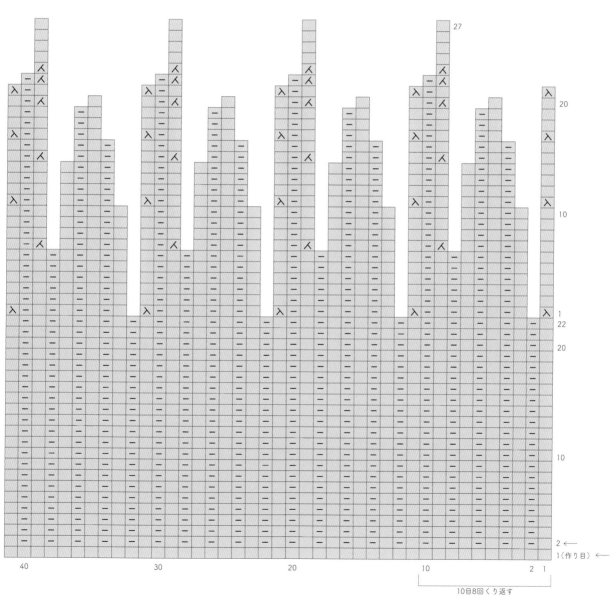

40　　　　　　　30　　　　　　　20　　　　　　　10　　　　2　1

10目8回くり返す

スイーツの帽子（子ども）[P.32]

[糸] ハマナカ　A：a/メリノウールファー　オフホワイト(1)25g、
　　　　b/わんぱくデニス　薄ピンク(5)12g、薄黄色(3)10g、
　　　　黄緑(53)10g、赤(60)2g
　　　　B：a/メリノウールファー　オフホワイト(1)25g、
　　　　b/わんぱくデニス　茶(61)12g、薄紫(49)10g、
　　　　アイスブルー(57)10g、赤(60)3g
[針] かぎ針8/0号、5/0号、とじ針
[その他] ハマナカ　ネオクリーンわたわた　各1g、
　　　　　ボンテン(1.5cm)4色×3個ずつ、白の縫い糸
[ゲージ] a糸：長編み14目6段＝10cm
　　　　　b糸：長編み10目8段＝5cm
[サイズ] 図参照　頭囲約50cm

[編み方]
a糸は8/0号で、b糸は5/0号で1本取りで編みます。本体以外の
パーツは編み終わりの残り糸を20cmくらい残してカットします。

1. 本体を編む。a糸でわの作り目に長編み12目を編み入れ、7段目
　まで増し目をしながら編む。

2. 8段目からはb糸に替え、模様編みをしながら18段目まで編む。
　13段目から糸替えで休んでいる糸を編みくるみながら編む。こ
　のとき、表引き上げ編みのときは糸を編みくるまず、裏に渡す。8
　段目〜18段目にスチームアイロンをあて、形を整える。

3. 各パーツを編む。〈ホイップクリームの作り方〉を参照し、a糸で
　ホイップクリームを編む。b糸でAはチェリー、Bはいちごを編み、
　わたを詰める。

4. 各パーツを縫い付ける。ホイップクリームを本体の2段目に、チェ
　リー、いちごをそれぞれ1段目にとじ針で縫い付ける。

5. ボンテンを縫いつける。白の縫い糸で3〜6段目にバランスをみ
　ながら散らばるようにとじ針で縫い付ける。

〈本体〉

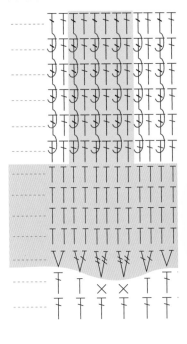

〈A チェリー〉赤

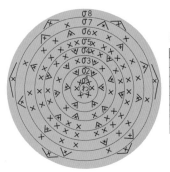

目数表

段数	目数	増減
8	6	−6目
7	12	−6目
6	18	−6目
5	24	増減なし
4	24	＋6目
3	18	＋6目
2	12	＋6目
1	6	

〈B いちご〉赤

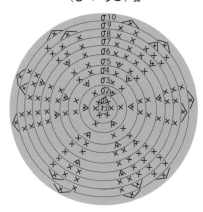

目数表

段数	目数	増減
10	9	−9目
9	18	−6目
8	24	増減なし
7	24	＋3目
6	21	＋3目
5	18	＋3目
4	15	＋3目
3	12	＋3目
2	9	＋3目
1	6	

●ホイップクリームの作り方
オフホワイト

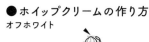

くさり編みを4
目編み、1目め
に長編み5目
の玉編みを編み
入れる。これを
5回くり返す。

編み始め

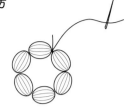

編み始めの糸と編み終わりの糸を固
結びして輪にする。編み終わりの残
り糸で本体の2段目に縫い付ける。

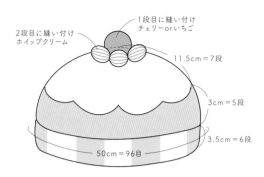

1段目に縫い付け
チェリーorいちご

2段目に縫い付け
ホイップクリーム

11.5cm＝7段

3cm＝5段

3.5cm＝6段

50cm＝96目

編み終わり（チェーンつなぎ）

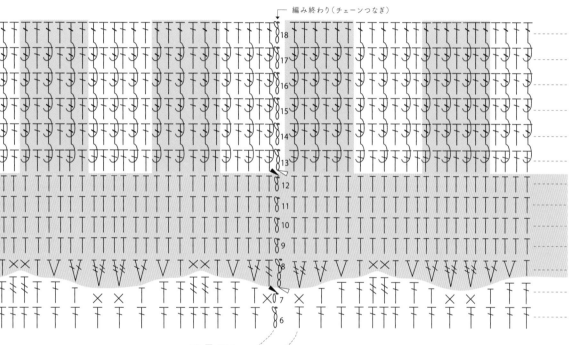

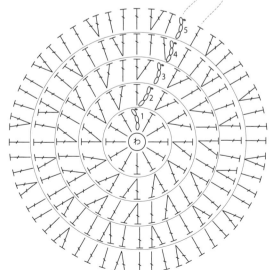

▷ 糸を付ける

◀ 糸を切る

□	A：オフホワイト B：オフホワイト
▨	A：薄ピンク B：茶
□	A：薄黄色 B：薄紫
▨	A：黄緑 B：アイスブルー

目数表

段数	目数	増減	糸
18〜9	96	増減なし	b糸 4/0号
8	96	＋36目	
7	60	増減なし	a糸 8/0号
6	60	増減なし	
5	60	＋12目	
4	48	＋12目	
3	36	＋12目	
2	24	＋12目	
1	12		

ヘアバンド＆ニット帽（3WAY）[P.34]

[糸] DARUMA メリノスタイル並太　A：きなり(1)10g、グレー(15)75g
　　　B：ライトベージュ(2)10g、エメラルド(22)55g
[針] 輪針6号（40cm）、6号5本針（短）、とじ針
[ゲージ] 編み込み模様26目29段＝10cm　模様編み26目30段＝10cm
[サイズ] 図参照　頭囲　A約47cm、B約39cm

B
子ども

A
大人

[編み方]

ヘアバンド
1. 糸で指にかける作り目を120目（Bは
　100目）作り、輪にして、1目ゴム編み
　を3段編む。5段目から編み込み模様
　で、編み図のとおりに編む。編み終わ
　りは1目ゴム編み止めにする。

帽子
1. 糸で指にかける作り目を120目（Bは100
　目）作り、輪にして、模様編みを増減なし
　でAは55段、Bは42段編む。続けて減らし
　目をし、トップに残った目（Aは24目、Bは
　20目）にとじ針で糸を通し、絞る。

〈本体〉

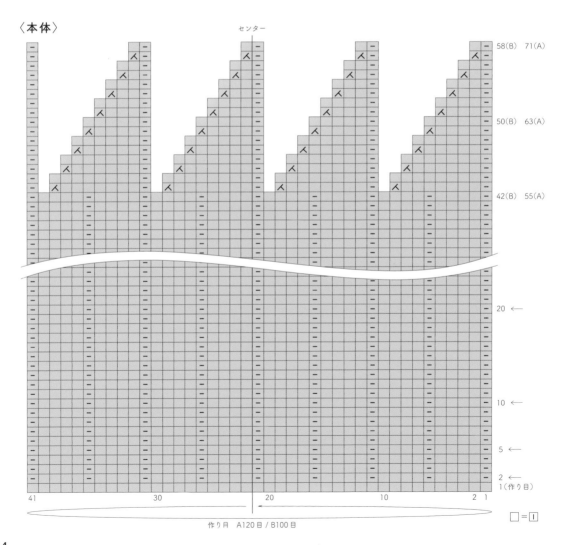

センター

58(B)　71(A)

50(B)　63(A)

42(B)　55(A)

20 ←

10 ←

5 ←

2 ←
1（作り目）

41　　30　　20　　10　　2 1

作り目　A120目 / B100目

□＝|

84

〈ヘアバンドＡ〉

10目10段1模様　　センター

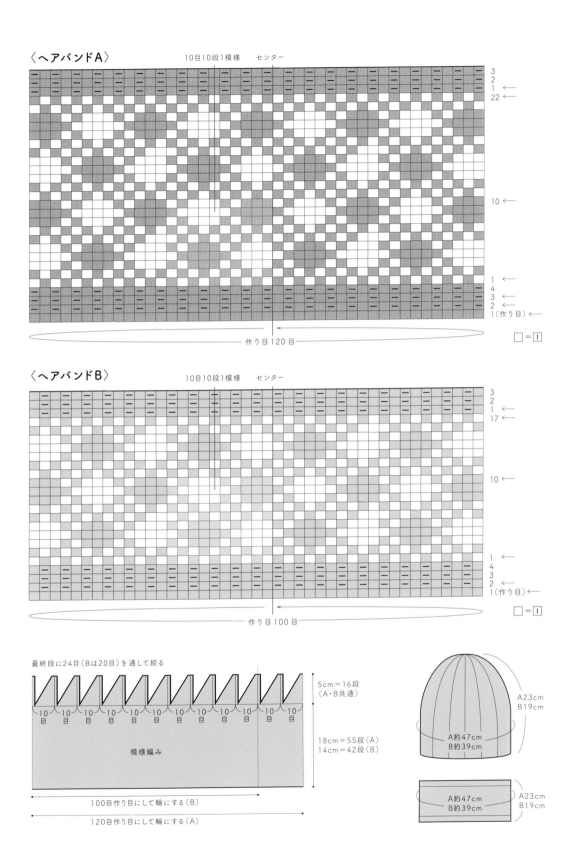

3
2
1　←
22　←

10　←

1　←
4　←
3　←
2　←
1（作り目）←

作り目120目

□ = |

〈ヘアバンドＢ〉

10目10段1模様　　センター

3
2
1　←
17　←

10　←

1　←
4　←
3　←
2　←
1（作り目）←

作り目100目

□ = |

最終段に24目（Bは20目）を通して絞る

10目　10目　10目　10目　10目　10目　10目　10目　10目　10目　10目　10目

5cm＝16段
（A・B共通）

模様編み

18cm＝55段（A）
14cm＝42段（B）

100目作り目にして輪にする（B）

120目作り目にして輪にする（A）

A23cm
B19cm

A約47cm
B約39cm

A約47cm
B約39cm

A23cm
B19cm

ネックウォーマー＆ニット帽（2WAY）[P.36]

A
大人

［糸］ DARUMA ランブイエメリノウール　A：ベージュ（2）50g、キャメル（3）40g
　　　 B：ホワイト（1）40g、ブルー（5）30g
［針］ 輪針5号（40cm）、かぎ針4/0号、とじ針
［ゲージ］ 模様編みa32目34段＝10cm　模様編みb28目34段＝10cm
［サイズ］ 図参照　頭（首）囲最大幅　A約52cm、B約46cm

B
子ども

［編み方］

1. 本体を編む。糸で指にかける作り目を147目（Bは126目）作り、輪にして、模様編みaを編む。続けて模様編みbを編み、伏せ止める。
2. 紐を編む。かぎ針4/0号でくさり編み220目（Bは200目）の紐を編む。
3. 1のかけ目で作った穴に、紐の端が裏面に出るように2の紐を通す。

●紐の通し方

［裏面］

①かけ目の穴に紐を通し、裏面に紐端を出す。

②紐を引き締め、しっかり結ぶ。

③表面に返すと帽子になる。

帽子は、折り口を内側に折り込んでリング模様を見せることもできる。

〈紐〉

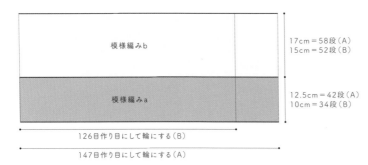

くさり編み　A220目 / B200目（かぎ針4/0号）

模様編みb

17cm＝58段（A）
15cm＝52段（B）

模様編みa

12.5cm＝42段（A）
10cm＝34段（B）

126目作り目にして輪にする（B）

147目作り目にして輪にする（A）

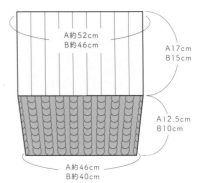

A約52cm
B約46cm

A17cm
B15cm

A12.5cm
B10cm

A約46cm
B約40cm

〈本体〉

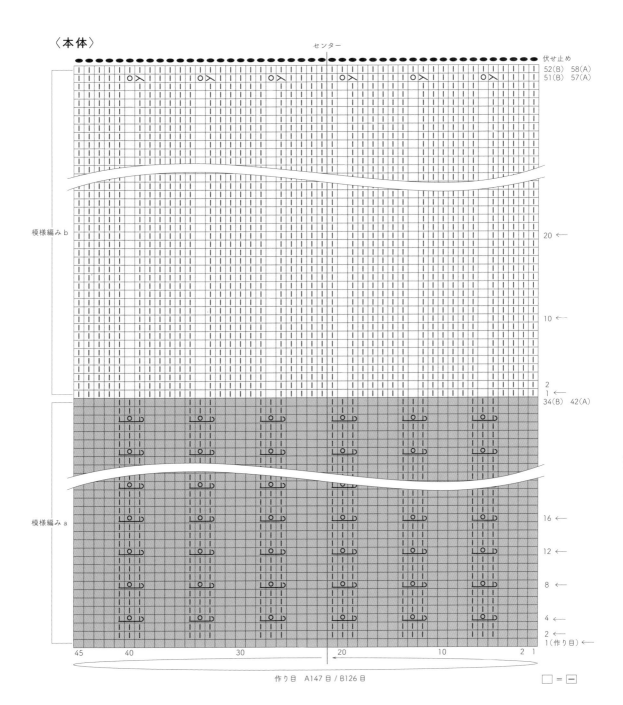

センター

伏せ止め
52(B) 58(A)
51(B) 57(A)

模様編み b

20 ←
10 ←
2 ←
1 ←
34(B) 42(A)

模様編み a

16 ←
12 ←
8 ←
4 ←
2 ←
1（作り目）←

45　　40　　　　30　　　　　20　　　　10　　　2 1

作り目　A147目 / B126目

□ = □

● ｜○｜ 左目に通すノット（3目の場合）の編み方

①左針の3の目に
　針を入れ、

②1の目と2の目に
　かぶせる。

③1の目を表目で
　編む。

④かけ目をする。

⑤2の目も表目で
　編む。

⑥左目に通す
　ノットの完成。

A
大人

B
子ども

ケーブル編みのビーニー [P.38]

[糸] ハマナカ ソノモノ ツィード　A:ベージュ(72)55g、
　　　B:ベージュ(72)36g

[針] 輪針4号、6号(40cm)、6号5本針(短)、とじ針

[ゲージ] Aの模様編み
　　　　 1模様38目＝17cm、8段＝2.8cm
　　　　 Bの模様編み
　　　　 1模様34目＝15cm、8段＝2.8cm

[サイズ] 図参照　A:頭囲約50cm、B:頭囲約44cm

[編み方]

1. 輪針4号を使用し、指にかける作り目を90
　 目(76目)作り、輪にして、ガーター編みを
　 10段(6段)編む。輪針6号に替えて、模様
　 編みで66段(50段)編む。

2. 減らし目をし、トップに残った48目にとじ針
　 で糸を通し、絞る。

　 ※(　)内の数字はB:子ども用

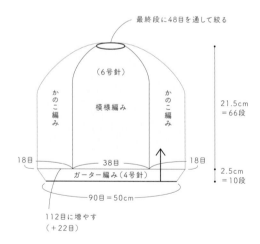

最終段に48目を通して絞る

(6号針)

模様編み

かのこ編み　かのこ編み

21.5cm
＝66段

18目　38目　18目

ガーター編み(4号針)

2.5cm
＝10段

90目＝50cm

112目に増やす
(＋22目)

□＝□

Ⅺ ねじり増し目

左上1目と2目の交差
(P.90参照)

〈A〉

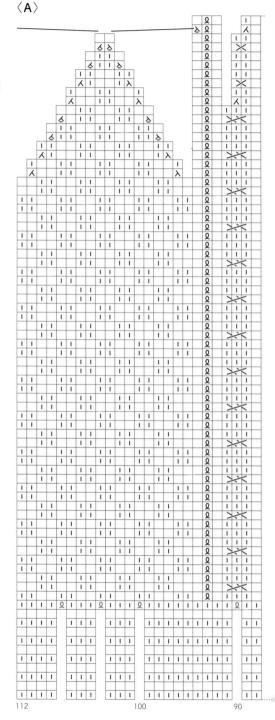

112　　　100　　　90

88

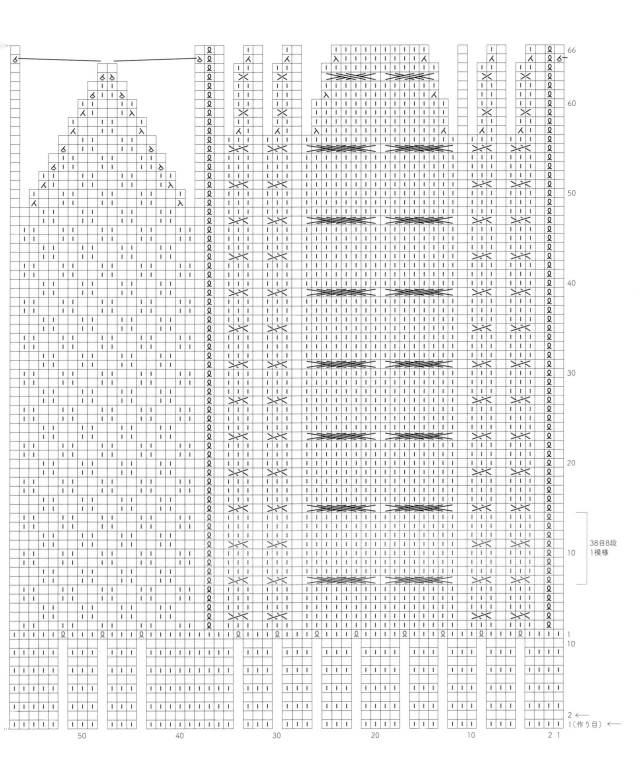

● ╳ 左上1目と2目の交差の編み方

①左針の2目をなわ編み
針に移し、編み地の向
こう側に置く。

②左針の1目を表目で
編む。

③なわ編み針の2目を
左針に戻す。

④戻した2目を表目で
編む。

〈B〉

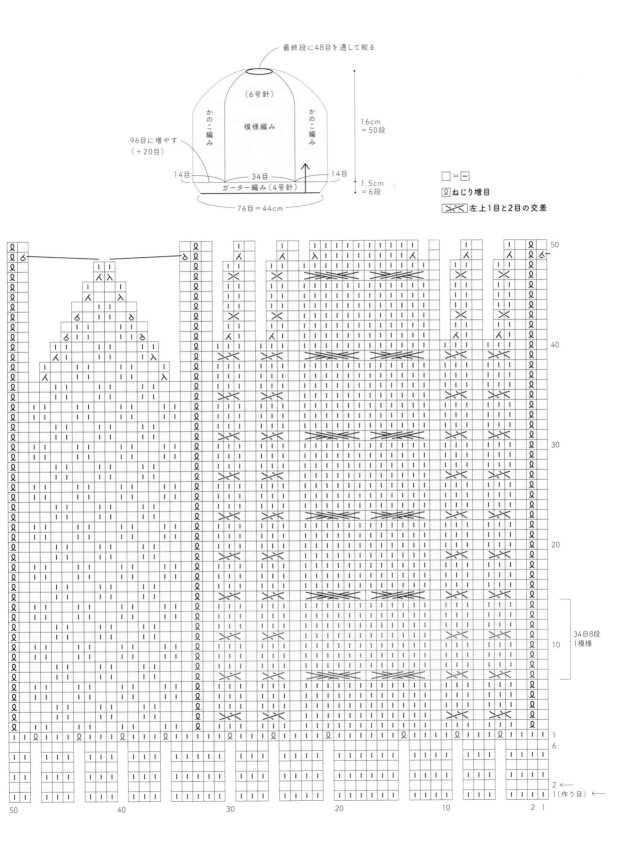

最終段に48目を通して絞る

（6号針）

模様編み

かのこ編み

かのこ編み

96目に増やす
（+20目）

16cm
=50段

14目　34目　14目

ガーター編み（4号針）

1.5cm
=6段

76目＝44cm

□ ＝ ⊡

Ω ねじり増目

左上1目と2目の交差

34目8段
1模様

棒針の編み記号表

表編み

|

  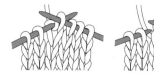

①糸を向こう側に置き、右針を手前から左針の目に入れる。

②右針に糸をかけ、矢印のように手前に引き出す。

③引き出しながら左針をはずす。

裏編み

—

①糸を手前に置き、右針を左針の目の向こう側に入れる。

②右針に糸をかけ、矢印のように向こう側に引き出す。

③引き出しながら左針をはずす。

かけ目

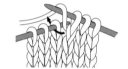 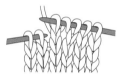 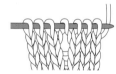

①右針に手前から糸をかける。

②次の目を編む。

③次の段を編むと穴ができる。

すべり目

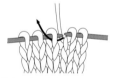  

①糸を向こう側に置き、左針の目に右目を入れる。

②編まずにそのまま右針に移す。

③次の目はふつうに編む。

ねじり目

 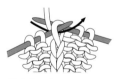 

①右針を左針の目の向こう側に入れる。

②右針に糸をかけ、矢印のように手前に引き出す。

③引き出したループの根元がねじれる。

右上2目一度

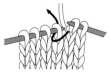  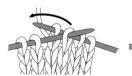

①左針の目を編まずに手前から右針に移す。

②左針の目に右針を入れて、糸をかけて引き出す。

③右針に移した目に左針を入れ、編んだ目にかぶせる。

左上2目一度

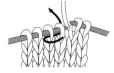
①左針の2目の左側から
　一度に右針を入れる。

②右針に糸をかけ、2目一緒に表目で編む。

右上交差

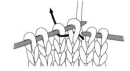
①左針の1目めをとばし、2目め
　に向こう側から右針で入れる。

②1目編む。

③左針のとばした
　1目を編む。

④糸を引き出したら
　左針から2目はずす。

左上交差

①左針の1目めをとばし、2目め
　に矢印のように針を入れる。

②1目編む。

③右側の1目を
　編む。

④糸を引き出したら左針
　から2目はずす。

右上3目交差

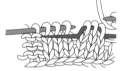
①左針の3目をなわ編み針に
　移し、手前側に休める。

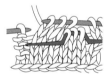
②左針の3目を編む。

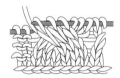
③なわ編み針の3目を編む。

左上3目交差

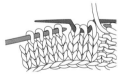
①左針の3目をなわ編み針に
　移し、向こう側に休める。

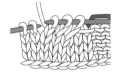
②左針の3目を編む。

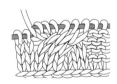
③なわ編み針の3目を編む。

ねじり増し目

①目と目の間の渡り糸を右
　針で拾って左針に移す。

②右針を左針の目の
　向こう側に入れる。

③右針に糸をかけ、矢印の
　ように手前に引き出す。

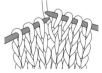
④渡り糸がねじれ
　1目増える

93

くさり編み

かぎ針に糸を巻き付け、糸をかけ引き抜く。

引き抜き編み

 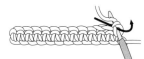 

頭くさり2本にかぎ針を入れ、糸をかけ引き抜く。

細編み

立ち上がり1目

すじ編み

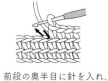

かぎ針に糸をかけ引き出し、さらに糸をかけ2ループを一度に引き抜く。

前段の奥半目に針を入れ、以降は細編みと同じ。

細編み2目編み入れる

2目

1目増

同じ目に細編み2目を編み入れる。

中長編み

1回巻く

台の目　立ち上がり2目

かぎ針に糸をかけ引き出し、さらに糸をかけ3ループを一度に引き抜く。

長編み

1回巻く

台の目　立ち上がり3目

かぎ針に糸をかけ引き出し、さらに糸をかけ2ループ引き抜くを2回繰り返す。

長々編み

2回巻く

1　2　3

かぎ針に2回糸をかけ1本引き出し、さらに1回糸をかけ2ループ引き抜くを3回繰り返す。

中長編み2目
編み入れる

同じ目に中長編み2目を編み入れる。

長編み2目
編み入れる

 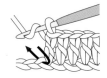  

長編みを1目編み、同じ目にもう1目長編みを編む。

長編み
2目一度

矢印の位置に未完成の長編みを2目編み、糸をかけ一度に引き抜く。

中長編み
3目の玉編み

2目 ── 1目
3目

同じ目に未完成の中長編み3目を編み入れ糸をかけ一度に引き抜く。

中長編み2目の玉編み

同じ目に未完成の中長編み2目を編み入れ糸をかけ一度に引き抜く。

長編みの
表引き上げ編み

前段の目の足を表側からすくい、長編みを編む。

中長編みの
表引き上げ編み

前段の目の足を表側からすくい、中長編みを編む。

チェーン
つなぎ

編み終わりの目の糸を引き出し、とじ針で編みはじめの目に通す。編み終わりの目へ戻し裏で糸の始末をする。

編集	武智美恵	モデル	あかりちゃん
デザイン	黒羽拓明、斉藤はるか（SANKAKUSHA）		あらたくん
			あんじくん
撮影	サカモトタカシ		じょうじくん
	福島陽太		すみれちゃん
ヘアメイク	福留絵里		らんじゅちゃん
			りつちゃん
制作協力	ミドリノクマ		りんたろうくん
	Riko リボン		and family

素材提供　株式会社ダイドーフォワードパピー事業部
http://www.puppyarn.com/
TEL 03-3257-7135

作品製作　くげなつみ
　　　　　高際有希
　　　　　blanco
　　　　　ベルンド・ケストラー
　　　　　ミドリノクマ
　　　　　Miya
　　　　　矢羽田梨花子
　　　　　Riko リボン

ハマナカ株式会社
http://www.hamanaka.co.jp
TEL 075-463-5151（代）

横田株式会社・DARUMA
http://www.daruma-ito.co.jp/
TEL 06-6251-2183

内容に関するお問い合わせは小社ウェブサイトお問い合わせフォームまでお願いいたします。
ウェブサイト https://www.nihonbungeisha.co.jp/

みんなのおそろいニット帽

2021年12月1日　第1刷発行

編　者	日本文芸社
発行者	吉田芳史
印刷所	株式会社 文化カラー印刷
製本所	大口製本印刷株式会社
発行所	株式会社 日本文芸社
	〒135-0001 東京都江東区毛利 2-10-18 OCM ビル
	TEL 03-5638-1660（代表）

Printed in Japan 112211117-112211117N01 (201092)
ISBN978-4-537-21944-9
URL https://www.nihonbungeisha.co.jp/
©NIHONBUNGEISHA 2021
（編集担当 牧野）